AF479421

L'AFFAIRE
DU « MÉMORIAL »

LE COUP
DE BALAI

COUR D'ASSISES DES BASSES-PYRÉNÉES

AUDIENCE DU 16 FÉVRIER 1883

Compte-Rendu des Débats
Réquisitoire de M. le Procureur-Général
Plaidoiries de MM. Riquoir et Guichenné

PAU
IMPRIMERIE VIGNANCOUR. — F. LALHEUGUE, IMPRIMEUR
—
1883

Prix : 50 centimes

L'AFFAIRE DU « MÉMORIAL »

LE COUP DE BALAI

COUR D'ASSISES DES BASSES-PYRÉNÉES

AUDIENCE DU 16 FÉVRIER 1883

Le dix février 1883, MM. de Joantho, rédacteur en chef du *Mémorial des Pyrénées*, et Ducos, gérant du journal, recevaient assignation à comparaître le vendredi suivant, 16 février, devant la Cour d'Assises des Basses-Pyrénées.

M. de Joantho était accusé d'avoir :

« *Directement provoqué, sans que cette provocation ait été suivie d'effet, à un attentat ayant pour but soit de détruire la forme du gouvernement, soit d'exciter les citoyens ou habitants à s'armer contre l'autorité du gouvernement de la République, soit d'exciter à la guerre civile en portant les citoyens à s'armer les uns contre les autres.* »

L'article incriminé, signé : L. de J., était intitulé : UN COUP DE BALAI ; il avait paru dans le *Mémorial* du 20 janvier ; le lecteur en trouvera le texte dans le compte-rendu des débats.

M. Ducos, gérant du journal, était cité en vertu des responsabilités que les lois sur la presse assignent aux gérants des journaux.....

Le 16 février, longtemps avant l'ouverture des portes du Palais de Justice, une foule nombreuse en assiégeait les abords.

L'heure des débats n'avait pas sonné que déjà la salle de la Cour d'assises était envahie par le public ; on remarquait aux premiers rangs plusieurs notabilités de la colonie étrangère et indigène ; décidément le « *procès du Mémorial* » était le *great attraction* du jour.

À 11 h. 1/2 l'audience était ouverte.

Après les formalités d'usage le jury est ainsi composé :

MM. Castencau, Larre, Maisongrosse, Lacoste, Fort, Jausions, Puyoo, Souviron, Quevreux, Larre Etchechourry, Hourc Patroix, Bordenave.

M. PLANTEROSE conseiller, Président des assises ;

MM. de MONCLAR et BORIE conseillers, assesseurs ;

Ministère-public : M. *Delcurrou*, procureur-général.

Mᵉ Riquoir, ancien magistrat, défendait M. de Joantho ; Mᵉ Guichenné défendait M. Ducos.

Le greffier lit l'assignation et l'article incriminé dont nous croyons devoir reproduire le texte :

LE COUP DE BALAI

Le vent qui souffle à travers la République, nous apporte des senteurs vagues et indéfinies qui, semblables aux douces émanations des parfums orientaux, jettent dans les âmes conservatrices des sensations aimables, des visions gracieuses.

Il y a quelque chose ou quelqu'un dans l'air, cela est certain, incontestable.

Quoi ?

Nous ne le savons pas au juste.

Qui ?

Dieu seul le sait.

Ce n'est pas la première fois, dans notre histoire contemporaine, que ces bouffées d'air parcourent l'espace ; ce n'est pas la première fois que chacun s'est senti saisi par ce parfum, *sui generis*, qui évoque les souvenirs, si émouvants, mais en même temps si agréables, des coups de balai.

Jamais ces symptômes n'ont trompé, jamais le diagnostic n'a varié : il y a du changement dans l'atmosphère. Cela est évident, cela se sent, cela se voit.

Les républicains eux-mêmes l'éprouvent ; ils ne sont pas à leur aise et ils ont beau prendre les fières attitudes des hommes qui se sentent forts ; cela sonne faux, cela ne prend pas.

Les représentants du peuple souverain avaient, en 1851, ce vertigo qui ne s'analyse pas, qui ne se guérit pas, qui ne se soigne même pas ; ils se voyaient perdus, conspués, déconsidérés, sans savoir pourquoi ni comment, sans se rendre compte des choses.

Ils avaient beau se raidir, crier à la trahison, entasser projets de lois sur projets de lois, prendre des précautions ; ils étaient entraînés par un de ces vents auxquels on ne résiste pas, par un de ces courants dépeints par Dante-Alighieri et qui emportaient les âmes immortelles de Paolo et de Francesca vers leurs immortelles destinées.

Et cependant, à les entendre, nos républicains ont confiance ; le vent spécial qui précède les convulsions a beau leur siffler aux oreilles, le fantôme du gâchis a beau se dresser devant eux ; ils ferment leurs yeux à l'évidence, ils s'indignent, ils protestent. Ils sont forts !

Telles, ces victimes du gros bleu que le passant attardé rencontre au coin des carrefours sombres, et qui appuyées sur une borne font de suprêmes efforts pour garder leur équilibre.......

Si vous avez le malheur de reprocher à ces noctambules leur posture, si vous insinuez timidement à ces malheureux qu'ils sont gris ; ils s'indignent et s'écrient : « Moi gris ? jamais de la vie ! je peux très-bien marcher, je suis fort, voyez plutôt ! »

Et ils s'effondrent dans le ruisseau pour ne se relever que le lendemain, sous les premiers baisers de l'aube.

Voilà comment les républicains sont forts.

Par qui, pour qui, se préparent les convulsions finales ?

En vertu de quoi, en vertu de qui la machine républicaine surchauffée éclatera-t'elle ? Autant d'énigmes, autant de mystères insondables, s'étalant en points d'interrogation devant le grand inconnu.

Cependant l'atmosphère est toujours imprégnée d'espérances vagues, de folles terreurs ; les républicains qui se déclarent rassurés sentent la crainte leur monter à la gorges et les conservateurs considèrent leur horizon illuminé par les lueurs indécises des agitation, qui se préparent.

Réactionnaires et républicains, royalistes et bonapartistes éprouvent aujourd'hui un frisson dont ils ne se rendent pas compte.

Il y a donc quelque chose !

Est-ce le grondement lointain des tambours envahissant les avenues ? Est-ce l'éclat vibrant des clairons donnant le signal des revendications justes ?

Sont-ce les vibrations des crosses de fusils, frappant les pavés ; les cris des sous-vétérinaires de la Chambre ou les sabots des chevaux piétinant les cours de nos édifices ?..,

Qu'en savons-nous ?

Ce que nous savons, c'est que le coup d'Etat est fatal ; ce que nous pensons, c'est que la justice de Dieu prépare en ce moment une exécution rendue nécessaire ; ce que nous savons, c'est que le pays sera délivré de son cauchemar le jour où le sauveur, tenant d'une main un sabre, de l'autre un formidable balai, viendra rassurer les intérêts compromis, les consciences alarmées.

Ce coup d'Etat, il le faut ; cette conspiration, nous la voulons ; cette convulsion finale qui doit précéder le salut, notre patriotisme nous l'impose ; il faut la provoquer...

« Le feu est ouvert ! » s'écrie-t-on de toutes parts... Que ceux auxquels incombe le devoir d'arracher la Patrie à la République, n'hésitent pas !

Laissons aux [républicains leurs illusions, laissons leur dire que leur république est forte, et poursuivons la route qui nous est tracée.

Que chacun se prépare, dans la sphère qui lui est propre ; le tocsin va sonner. Combien d'énergies inutilisées, combien d'entrains stériles ! combien de vigueurs inexploitées, combien de forces sans direction, combien de convictions assoupies qui pourraient trouver dans la crise qui s'ouvre un aliment vraiment grand, vraiment patriotique !...

Alerte ! et que chacun se prépare à faire son devoir ! Le temps des œuvres de propagande est passé ; il n'y a plus à convaincre, chacun est convaincu. Il faut agir.

Quand un voleur vous arrête au coin d'un bois, on ne s'amuse pas à lui démontrer que son procédé est désobligeant. On lui envoie du plomb dans la figure si on a un révolver dans sa poche ; on lui casse la tête d'un coup de canne ; on lui saute à la gorge ou on se prépare à mourir.

Or, la France ne peut pas, ne doit pas mourir.

Elle a été prise au coin d'un bois par des malfaiteurs ; à nous de courir à son secours, à nous de défendre notre héritage ; à nous de sauver de la honte et du déshonneur le pays qui nous a donné le jour !

Que faut-il aux populations écœurées mais inactives ? un peu d'entrain, un peu de nerf, un exemple viril.

Cet exemple. nous le leur devons. Plus de dissertions vagues, plus de protestations stériles ! que chacun soit prêt !

L. DE J.

INTERROGATOIRE.

Le Président procède à l'interrogatoire de M. Ducos.

M. Ducos reconnaît qu'il a fait insérer, après l'avoir lu, l'article incriminé et qu'il n'a rien trouvé dans cet article qui ne se lise tous les jours dans tous les journaux de Paris. « Je suis du reste, ajoute M. Ducos, en rapport journalier avec des ouvriers, et, de tous côtés, j'entends présenter la situation actuelle telle que l'a dépeinte l'article que l'on me reproche d'avoir laissé insérer. »

M. de Joantho interrogé à son tour, répond :

— Je suis l'auteur de l'article, il me serait d'ailleurs difficile d'en nier la paternité, puisqu'il est signé.

Je n'ai pas un mot à retrancher de ce que j'ai écrit.

J'accepte la responsabilité de tout.

L'assignation me reproche d'avoir voulu exciter à la guerre civile, d'avoir voulu provoquer un coup d'Etat.

Pour qu'il y ait provocation, il faut un effet possible. Or, je n'ai jamais pensé que, sur la lecture de mon article, qni n'est autre chose qu'un cri d'indignation, vingt bons bourgeois conservateurs, armant leur bras de la hache de l'émeute, iraient établir leur quartier général à la Haute-Plante, tandis que vingt bons bourgeois républicains également en armes iraient établir leur quartier général à la Place Royale. Je n'ai jamais pensé que nos lecteurs et abonnés, fanatisés par la lecture de mon article, descendraient dans la rue et rougiraient les pavés du sang de leurs concitoyens.

.... Je suis accusé de provocation à un coup d'Etat !! or, j'ai eu la curiosité de chercher dans divers dictionnaires, Littré, Bescherelle, Block, la définition exacte du mot coup d'Etat. Tous sans exception disent qu'un « coup d'Etat » est une mesure extraordinaire, presque toujours violente, à laquelle un gouvernement a recours lorsque la tranquilité de l'Etat lui paraît compromise. Il résulte de ce que je viens de dire que pour obtenir les coups d'Etat de mes rêves, je serais obligé de m'adresser au gouvernement; or, j'imagine que le Gouvernement et M. Grévy ne s'aviseront pas, uniquement pour m'être agréable, de préparer un coup d'Etat.

Je le répète, mon article est un cri d'indignation !

Pour la discussion juridique, je m'en rapporte à mon honorable défenseur.

INCIDENT.

Ici se place un incident qu'il convient de rapporter :

— M. le Procureur Général déclare que le prévenu n'*ayant pas été interrogé*, il va lui poser quelques questions :

— M. de Joantho affirme-t-il que son article était sérieux, ou n'était qu'une vaine fanfaronnade ?

M. de Joantho répond qu'il ne regrette et ne désavoue rien de son article.

M. le Procureur Général, insistant, M. Riquoir se lève et fait remarquer que le Ministère public veut obliger M. de Joantho à plaider lui-même, quand il a à côté son défenseur à qui revient cette tâche.

M. le Président intervient et rappelle que M. de Joantho a reconnu qu'il était l'auteur de l'article et qu'il en acceptait la responsabilité, que le Président n'avait pas à lui poser d'autres questions puisqu'il avait déclaré s'en référer aux explications de son avocat, et que, par conséquent, le rédacteur du *Mémorial* avait le droit de ne pas répondre aux interpellations de M. le Procureur Général.

M. de Joantho dit alors :

Je ne répondrai donc pas, puisque mon défenseur m'en dissuade ; mais je le regrette, car je tenais à être personnellement agréable à M. Delcurrou, pour qui je professe la plus haute estime et la plus grande admiration......

(Rires dans l'auditoire.)

M. le Procureur Général a la parole.

REQUISITOIRE.

Messieurs les jurés.

J'accuse le gérant du *Mémorial* et l'auteur de l'article incriminé du délit de provocation à un attentat, ayant pour but de détruire le Gouvernement de la République et d'exciter à la guerre civile.

Le gérant et l'auteur devaient comparaître tous deux pour répondre du délit : le gérant, parce qu'il a la responsabilité légale ; l'auteur, comme complice du délit reproché au gérant.

Ainsi, légalement, il y a deux responsabilités : Moralement, vous verrez s'il n'y en a qu'une.

Il s'agit ici d'un délit grave, — non d'un délit politique, — d'un délit, nous le verrons, de droit commun. Nous ne venons pas vous demander la protection du gouvernement, mais celle de l'ordre social troublé par cette publication factieuse, et le devoir que j'attends de vous, aujourd'hui, c'est celui que je vous ai demandé tous ces jours-ci, en vous réclamant la condamnation de voleurs, d'incendiaires, de meurtriers, c'est-à-dire la condamnation des perturbateurs de la paix publique.

Le délit poursuivi, consiste en une provocation contre la sûreté *intérieure* de l'Etat.

Il s'agit de la répression d'un fait puni par la loi de 1881 sur la presse. J'ai le devoir d'appeler votre attention sur l'historique de l'article 24 de cette loi.

(M. le Procureur général lit l'article 24 et en fait l'historique.)

Le Code pénal de 1810 punissait du bannissement la provocation non suivie d'effet. Si cette disposition n'avait pas été modifiée, aujourd'hui M. de Joantho serait passible du bannissement. Cela dura jusqu'en 1819.

Lorsque la Restauration vint rétablir la monarchie traditionnelle, la royauté organisa les *cours prévôtales*, cette juridiction d'exception dont l'histoire gardera le nom lugubre, et dont les arrêts odieux, durant cette période de la *Terreur blanche*, dépassèrent en iniquités les œuvres des tribunaux révolutionnaires. Le sang coula, mais fort heureusement, cette législation sanguinaire fut peu de temps en vigueur. La loi du 17 mai 1819 transforma en délit le crime de provocation ; délit, à la vérité, punie de peines tres sévères.

La monarchie de juillet se contenta d'infliger une amende de 10,000 à 50,000 fr. aux auteurs de ce délit.

Du second Empire, je n'en parle pas. La presse n'exista pas.... sauf la presse à la dévotion du gouvernement. Un décret autorisait le gouvernement à supprimer par voie administrative toutes sortes de journaux.

En 1858 fut votée la loi dite de « *Sûreté Générale.* »

Toute cette législation fut abrogée par le gouvernement de la Défense Nationale, en octobre 1870.

La loi de 1875 remit en vigueur la législation de 1819.

Enfin vint la loi de 1881 qui nous régit actuellement.

La pénalité qu'elle édicte est bien douce à côté de la législation antérieure. Mais la conclusion de ce qui précède, c'est que tous les gouvernements ont puni comme un crime de droit commun, le délit reproché à M. de Joantho.

Il reste à démontrer que l'article de M. de Joantho contient les éléments de ce délit.

(M. le Procureur général lit l'article du *Mémorial.*)

Messieurs, je prétends que cet article renferme, évidemment, sans phrases, sans périphrases, une provocation *directe* au renversement par la violence du gouvernement républicain.

Il contient, en effet, une allusion au coup d'Etat de 51 ; l'évocation de la soldatesque du 2 décembre. — Il contient aussi des outrages au parti républicain, mais dont on n'a pas à tenir compte ; là n'est pas le délit que vous êtes chargé d'apprécier.

Dans ces phrases : « le bruit des chevaux envahissant les avenues.... les sonneries du clairon, *etc.* », ne veyez-vous pas le signal d'un coup de main, d'un coup d'Etat ?

Pour mieux le comprendre, écoutez la dépêche suivante, qui précédait l'article :

« Mouvement Légitimiste en Province

« On annonce la découverte d'une puissante organisation légitimiste dans les départements de l'ouest.

» Trente-deux légions seraient organisées et une trente-troisième en voie de formation dans la Champagne.

» Une caisse de 15 millions se trouve assure-t-on, à Londres.

» Les armes et les chevaux seraient déjà répartis dans les Châteaux.

» Le Général de Charrette serait prêt à tenter un coup de main contre le Parlement. »

Rapprochez de cette dépêche la phrase « sont-ce les vibrations des crosses, etc. » N'est-il pas évident qu'il y a appel au coup d'Etat, commencé à Paris, qu'on veut appuyer dans les Basses-Pyrénées.

Du reste, la pensée du journaliste est des plus claires — « Nous savons qu'un coup d'Etat est fatal.... Il faut le provoquer. »

Voilà, Messieurs, pour l'attentat ayant pour but de détruire le gouvernement. — Voici pour l'appel à la guerre civile (art. 91, C. P.) :

Ici, l'article de M. de Joantho est non-seulement grave, odieux, il est abominable, sanguinaire !

. (M. le Procureur général lit quelques passages de l'article.)

Pas d'équivoque n'est-ce pas? c'est l'appel à la guerre civile, c'est un cri sauvage adressé à tout un parti. On demande clairement l'extermination du parti républicain, avec le revolver, le couteau et le bâton !

J'aurais voulu, Messieurs, que M. de Joantho s'expliquât, j'aurais voulu connaître le fond de sa pensée. Un incident que je déplore m'a empêché d'arriver à mon but.

Si l'article n'est pas sérieux, nous ne sommes ici que pour punir une fanfaronnade ; nous ne sommes pas ici pour réjouir la galerie. Vous verrez alors ce que vous aurez à faire.

Pour moi, j'ai mon devoir à remplir.

M. de Joantho est un homme que je respecte — il passe pour un galant homme, je n'ai pas l'honneur de le connaître. Mais j'ai le regret d'avoir à rechercher quel but il a eu en écrivant l'article.

Ce but est criminel, c'est notre présence ici qui le prouve. Le chef de la justice s'est ému. Ce n'est pas pour faire un procès de presse qu'il a ordonné des poursuites. C'est pour vous déférer un crime de droit commun. Il n'y a plus de procès de presse. Le gouvernement républicain n'en fait pas. Depuis 5 ans que j'ai l'honneur d'être à la tête du parquet de ce ressort, je me suis condamné à la longanimité et à la résignation, pour faire un essai loyal de la liberté de la presse.

Pour vous prouver que le but de M. de Joantho était criminel, je vous montre dès à présent la préméditation :

Dans un article du 9 décembre 1882, on lit la phrase suivante : « Nous apercevons à l'horizon une main de fer qui doit mettre fin à l'orgie révolutionnaire. »

Le 5 décembre : « En 75 on a voté une Constitution : le but de notre vie, c'est son égorgement. »

Dernièrement, Messieurs, un grand deuil a frappé la France patriotique. La mort de l'illustre citoyen que le pays venait de perdre fit croire aux ennemis de la république que le moment était venu de lui donner le dernier assaut. Le 15 janvier parut donc le manifeste du prince Napoléon : Le *Mémorial* apprécie ainsi la 2° partie : « Il y a dans ce manifeste un parfum qui ne nous déplait pas..... »

Ce parfum, c'est l'appel au coup d'Etat.

Aussi le surlendemain paraît l'article incriminé précédé de la dépêche semi-officielle — de l'Agence-Havas.

M° Riquoir. — Pas de l'Agence-Havas. (Effectivement la dépêche était de l'Agence-Ewig).

M. le Procureur général. — M. de Joantho sait bien que M. le général de Charette n'est autre que le lieutenant-général du Comte de Chambord, dès-lors il prépare les esprits dans les Basses-Pyrénées ; il les prépare à un coup de main, c'est-à-dire à la guerre-civile.

Quoi ! M. de Joantho, vous, un ancien fonctionnaire de la République ! dans un journal qui s'intitule l'organe des intérêts religieux et conservateurs du Sud-Ouest, vous réclamez un coup d'Etat au nom du patriotisme ! Au nom du patriotisme, après Napoléon III et Bazaine, après Metz et Sedan ! Au nom de la justice divine ! Ah ! Laissez-moi vous lire quelques lignes du Tacite contemporain , le grand poëte qui a écrit en pages immortelles l'histoire de ces derniers temps.

(M. le Procureur-Général cite un passage de Victor Hugo. — *Tacite, un poète?*)

Pour qui, d'ailleurs, ces appels? Pour le comte de Chambord? Vous voulez donc faire du descendant de St-Louis et de Clovis (descendant de Clovis?...) un plagiaire de Bonaparte? Est-ce pour les princes que l'Empire a expulsés avec nous en confisquant leurs biens ?... Et au nom de qui? Au nom des actionnaires du *Mémorial?* Je trouve parmi eux, divers magistrats honoraires et d'anciens magistrats. C'est par eux qu'est patronné le journal du couteau, du révolver et du casse-tête. (Tumulte).

M. le Président. — L'attitude du public a été jusqu'ici excellente : j'espère qu'il ne cessera pas de se montrer digne de la confiance que la Cour lui a témoignée en n'appelant à cette audience aucun déploiement de forces.

M. le Procureur Général. — J'espère, M. de Joantho, que par respect pour le pays où vous êtes né, où votre famille, où vos amis tiennent un rang des plus honorables, j'espère que par respect pour eux, par respect pour vous-même, vous regrettez votre article.

Car, de deux choses l'une : où il est sérieux, cet article, et alors il est inexcusable et une condamnation est nécessaire; ou c'était une fanfaronnade, et, dans ce cas, on saura ce qu'il faut penser de vous lorsqu'il s'agira de partir en guerre.

Sans doute, ici, à Pau, les esprits sérieux, les gens sensés n'attacheront pas grande importance à ces appels aux armes et à ces clameurs sanguinaires ; mais dans les campagnes, le gros public, qui dans les moments difficiles que nous traversons se laisse facilement impressionner, n'est que trop disposé à prendre au sérieux ces cris d'alarme.

Le mal que vous avez fait est considérable ; il est incalculable! Messieurs les jurés, je fais appel à votre conscience. Un tel mal peut-il rester impuni?

(Ici se place une digression dont nous ne saisissons pas la portée su les inconvénients pour les journalisies d'écrire des articles trop violents. — Un rédacteur de journal, de la région, ayant ameutè la foule par ses violences aurait manqué être mis à mort et son imprimerie eût été brûlée sans le secours de magistrats transformés en pompiers. — Moralité? — Suit une autre allusion dont nous ne voyons pas davantage le but, à la fin tragique de M. de Massas.)

Qui sème le vent, récolte la tempête.

L'article de M. de Joantho est une semence de violence, de discorde civile et de rébellion. C'est le mal fait pour le plaisir du mal. C'est dans ce pays, l'inauguration de l'ère des troubles.

Je le répète en finissant, Messieurs les Jurés il y a là un crime de droit commun, qui doit être puni, comme ont été punis par vous, tous ces jours-ci, les meurtres, les vols et les incendies.

A vous, Messieurs les Jurés, de sauvegarder par une juste condamnation la paix sociale, dont la garde vous est confiée; et j'ajoute : la liberté de la presse, qu'il vous appartient de faire respecter!

Plaidoirie de Me Guichenné

défenseur de M. Ducos

En commençant son réquisitoire, M. le procureur général disait que les poursuites dirigées contre le *Mémorial* étaient intentées dans un intérêt social. C'est en me plaçant également au point de vue de la conservation sociale que je vous demande la permission de présenter en quelques mots la défense du gérant, M. Ducos.

Lorsque, à la veille de la session d'assises, M. Ducos reçut l'assignation qui l'amène aujourd'hui devant vous, il ne put s'empêcher d'éprouver un sentiment de surprise. Depuis plusieurs mois en effet, l'administration du *Mémorial* paraissait vivre en bonne intelligence avec la justice.

M. le Procureur-Général vous parlait de la résignation à laquelle il s'était condamné, en présence des débordements des journaux, afin, disait-il, de faire l'essai loyal de la liberté de la presse. Les évènements marchent si vite qu'il a oublié le temps où, sinon toutes

les semaines, du moins tous les mois, l'administration du *Mémorial* était citée devant la justice, tantôt pour une erreur typographique dans
laquelle on voulait voir toutes sortes de délits,
tantôt pour la reproduction d'un article paru
dans un journal de Paris et resté impuni, d'autres
fois enfin pour des causes tout aussi futiles.

Il serait téméraire de penser que le repos
et la quiétude dans lesquels vivait M. Ducos
prenaient leur source dans la lassitude du Parquet
ou dans cet ennui qui, au dire du poète, naquit un
jour de l'uniformité. Il faut y voir les conséquences de la loi sur la presse, la seule loi libérale
votée par nos législateurs, compensation bien
insuffisante de tant de libertés si chères qui
nous ont été ravies et dont d'ailleurs il ne
restera bientôt plus que quelques lambeaux.

Les accusations d'avoir voulu renverser le
gouvernement, d'avoir excité les citoyens les
uns contre les autres, d'avoir poussé à la
guerre civile, n'émurent point M. Ducos, lorsqu'il sut que la cause de ces accusations, qui
n'étaient graves qu'en apparence, se trouvait dans
un article paru vingt-cinq jours auparavant dans
le *Mémorial*. La paix publique n'avait point été
troublée, l'Elysée n'avait pas été pris d'assaut, la
Chambre des Députés et le Sénat avaient pu
délibérer sans crainte ; le monde s'était livré à
ses mêmes plaisirs. Mon client était donc rassuré
sur le sort que vous lui réserveriez par votre
verdict.

Le défenseur indique en deux mots quelle est
la situation du gérant d'un journal qui, en livrant à la publicité les numéros de ce journal,
assume toute la responsabilité des articles qu'ils
renferment.

M. Ducos aurait pu, par des réticences, des
dénégations, décliner toutes responsabilités. Mais
bien qu'il ne soit qu'un pauvre ouvrier, il a souci
de son honneur qui est le seul patrimoine qu'il
puisse laisser à ses huit enfants ; il a horreur du
mensonge et de la dissimulation. Voilà pourquoi,

quelles qu'en puissent être les conséquences, il a
loyalement déclaré qu'il avait lu l'article incriminé, qu'il avait apprécié la pensée morale qui
s'en dégageait et qu'il avait entendu dire à ses
amis, ouvriers comme lui, que M. de Joantho
avait raison quand il disait qu'il était grand temps
qu'on leur donnât un peu de tranquillité et de
sécurité. (*Marques d'approbation.*)

Le défenseur de Ducos n'a pas à discuter les
termes de l'article; mais comme Ducos, en sa
qualité de gérant, est le premier lecteur du journal, il recherche quelle a été la pensée qui a dû
diriger l'auteur de cet article, et si, aux yeux de
tout lecteur indépendant, l'expression de cette
pensée n'était pas légitimée par tout ce qui se
passe, par tout ce qui se dit ou s'écrit.

Ce qui frappe le lecteur de cet article, c'est la
situation de la France.

La France subit une crise redoutable. Elle s'en
va ballottée sur les flots agités de la révolution,
sans pilote, sans boussole, semblable à un navire
désemparé qui est le jouet des vents. Que cette
grande nation dont on a pu dire : *Gesta Dei per
Francos*, ne périsse pas misérablement ! Qu'une
voix autorisée dominant le tumulte de l'orage
commande à l'équipage affolé ; qu'une main virile
saisisse le gouvernail de ce navire en détresse ;
qu'elle le dirige à travers la tempête afin que
la France puisse suivre à travers les siècles la
voie glorieuse que la Providence lui a tracée, et
qu'elle soit , ce qu'elle n'aurait jamais dû
cesser d'être, la première au rang des nations
civilisées ! (*Vive sensation.*)

La crainte d'un péril prochain, la volonté d'y
échapper, telles sont les idées développées dans
cet article et qui sont nettement indiquées par ces
mots : La France ne peut pas, ne doit pas périr.
— Voilà pourquoi M. Ducos s'est associé au cri
d'alarme poussé par son rédacteur en chef.

La situation ne comporte-t-elle pas de telles
craintes ?

Ecoutez ce qu'en pense le journal républicain

le « *National*, » qu'on peut bien appeler journal ministériel, car s'il n'a pas soutenu le dernier ministère, il a soutenu les nombreux ministères qui nous ont gouverné depuis cinq années :

Entrez chez un boutiquier, dans un restaurant, dans un hôtel, au hasard, et interrogez les négociants.

On vous dira que depuis huit jours, les recettes ont diminué de moitié.

Allez dans les établissements de crédit, et interrogez les banquiers.

Ils vous diront que depuis huit jours, les retraits de dépôts d'argent se multiplient.

Mettez les pieds sur les marches de la Bourse et questionnez les agents de change.

Ils vous diront que depuis huit jours, le 5 0/0 a baissé de 1 fr. 80, et le 3 0/0 de 2 fr. 50.

Questionnez un deputé, n'importe lequel, blanc ou rouge, tricolore ou gris.

Il vous répondra que la situation est grave et qu'il n'imagine pas comment on en pourra sortir.

Arrêtez un passant. Il lèvera les bras au ciel et s'exclamera : « Où allons-nous ? »

Asseyez-vous dans un café. Vos voisins ne s'entretiennent que des dangers du présent et des menaces de l'avenir.

Les affaires s'arrêtent, l'épargne prend peur, les intérêts s'alarment, la confiance s'en va. Le gâchis social se greffe sur le gâchis politique.

Pourquoi ?

Parce que l'esprit démagogique et révolutionnaire s'est installé en maître dans le Parlement ;

Parce que tout le monde sent qu'un troupeau de législateurs affolés se livrant pieds et poings liés à une minorité de révolutionnaires et de radicaux, ne peut plus protéger efficacement la *tranquilité, la liberté et même la vie des citoyens* ;

Parce qu'on se dit que si une presse scélérate désigne impunément aux coups des assassins, aux attouchements des scarpes et aux familiarités des voleurs les magistrats, les officiers, les banquiers, les boutiquiers, les négociants, les manufacturiers, tout ce qui est quelqu'un ou tout ce qui possède quelque chose, il se trouvera bien, à bref délai, quelque député encore plus avancé que les autres pour formuler en projet de loi, les aspirations de la classe si intéressante des malandrins, et une majorité pour voter cette loi.........

Et le 10 février, il y a moins de huit jours,
voici ce qu'écrivait M. Pessard, rédacteur en
chef du *National* :

L'anarchie est partout, à l'Elysée, dans les ministères,
dans le Parlement, dans les consciences. Elle n'est point
encore dans la rue. Elle y viendra. Le mieux serait
peut-être de lui donner le semblant d'organisation qu'elle
comporte.

Nous prenons la liberté de conseiller à M. Grévy de
faire mettre en liberté le prince Krapotkine (1) et de lui
confier la mission de former un cabinet. Si M. Wilson n'y
voit pas d'inconvénient, tout peut encore s'arranger. (*Rires*.)

Anarchie pour anarchie, il vaut mieux s'en remettre,
pour l'organiser, aux gens dont c'est l'état, que de la
pratiquer avec l'aide d'hommes qui compromettent l'idée
de gouvernement, en couvrant de leurs personnalités le
pire des désordres, le désordre d'en haut.

M. Ducos, qui n'est pas un profond politique,
mais un brave homme du peuple, a constaté depuis
longtemps cette anarchie.

Les gens au pouvoir, trouvent que tout est
pour le mieux dans le meilleur des mondes.
Ne sont-ils pas fêtés, honorés ? ne disposent-
ils pas des places ? l'ère de prospérité n'est-
elle donc pas arrivée ?

Ce n'est point ce que pense l'homme du
peuple. La gêne est plus grande que jamais
au foyer du pauvre, parce que les affaires lan-
guissent, les impositions augmentent sans cesse,
et si l'ère de prospérité est arrivée pour les
députés, leurs parents et leurs amis, l'honnête
ouvrier l'attend vainement, et en présence de ce
flot révolutionnaire qui monte toujours , il se
demande avec inquiétude, ce que sera pour lui
le lendemain.

M. Ducos est un homme croyant et il a été
indigné de tout ce qu'il a vu et entendu.

Il a vu des hommes qu'il considérait comme
des pères, aux pieds desquels il s'agenouillait
avec respect, chassés de leur domicile comme

____

(1) Nihiliste russe condamné par le tribunal correc-
tionnel de Lyon à cinq années de prison.

des malfaiteurs ; et quand ces citoyens français se sont adressés à la justice de leur pays, le gouvernement leur a dit qu'il n'y avait pas de justice pour eux. C'est ainsi qu'on respecte la liberté individuelle et le droit sacré de la propriété. Et M. Ducos s'est dit que puisqu'on traitait ainsi de saints religieux auxquels on ne pouvait reprocher que l'excès du bien, il en pouvait être ainsi de lui-même et de tous ceux qui sont les amis des religieux.

Il est père, et son cœur de père a été ému à la pensée de l'application possible des nouvelles lois sur l'instruction primaire ; et il se demande ce que deviendra l'âme de ses enfants le jour où des instituteurs, selon le cœur du gouvernement, auront remplacé les Frères auxquels il a confié l'éducation de ses enfants. Ce péril peut être le péril de demain, et lui, l'ouvrier, l'homme du peuple, ne pouvant choisir le professeur de ses enfants, devra les envoyer dans des écoles qu'il réprouve, sous peine d'aller en prison. (*Mouvement.*)

N'a-t-il pas été humilié, dans sa dignité de père quand il a dû déclarer ses enfants, ainsi qu'il aurait pu le faire d'une bête de somme ou d'un animal domestique ? (*Rires*) Il a courbé la tête parce que c'était la loi, mais il s'est dit : Voilà comment on respecte l'autorité du père de famille.

Il a lu dans les journaux, que dans certaines villes, des municipalités républicaines avaient renversé les croix dressées sur les places publiques, que, dans beaucoup d'autres, à Paris notamment, malgré les protestations indignées du Sénat, les crucifix avaient été enlevés des écoles et jetés dans des tombereaux afin d'être transportés dans des magasins d'accessoires comme des décors de théâtre. Il a vu et lu ces choses ; il a été le témoin de bien d'autres événements douloureux et c'est en présence de ces faits qu'il a cru dans sa naïveté d'homme du peuple que la publication de l'article incri-

miné, n'était que trop justifiée par les événements..... Et il serait coupable !!

Ne vivons-nous pas d'ailleurs sous le régime de
la liberté de la presse, et des journaux conservateurs n'ont-ils pas, dans le Paris républicain, écrit
des articles manifestant les sentiments exprimés
par le *Mémorial*, dans des termes aussi énergiques ? (*Approbation.*)

Le défenseur cite des articles du *Figaro*, du
Gaulois, du *Journal d'Indre-et-Loire*, auquel
M. le garde des Sceaux a fait les honneurs de
la publicité de la tribune du Sénat.

Ces journaux n'ont pas été poursuivis.

Pourquoi des poursuites contre le *Mémorial*
alors que ces journaux restent impunis ? Un acte
innocent à Paris serait-il criminel à Pau ? ou
bien n'a-t-on pas craint un échec devant le jury
de la Seine et s'est-on bercé du fol espoir que
vous condamneriez ?

On cherche vainement le mobile de cette
poursuite injustifiable.

Le ministère, chancelant, ballotté de la Chambre au Sénat, et du Sénat à la Chambre, a-t-il
voulu solliciter d'un jury de province un vote
de confiance qui lui était impitoyablement refusé ?

A-t-il voulu affirmer à ses yeux sa propre
vitalité en se disant : Je poursuis un journal
conservateur, donc j'existe ?

A-t-il espéré donner, par cette poursuite, satisfaction aux députés radicaux et prolonger ainsi
son existence misérable ?

Vain espoir ! car à l'heure où vous jugez le
Mémorial, le ministère n'est plus.

Je sais, par contre, que j'ai l'honneur de plaider
devant un jury qui se hâtera de répudier la
compromettante solidarité qu'on espérait trouver
en lui.

Vous êtes, Messieurs les jurés, Basques ou
Béarnais ; à ce titre, douter de la solution que
vous donnerez à cette affaire serait vous faire
la plus sanglante des injures, car ce serait douter

de vos sentiments d'indépendance et de votre amour pour la liberté.

M. le Procureur Général. — Je puis annoncer que des poursuites sont intentées contre d'autres journaux dans divers ressorts. (*Marques d'étonnement.*)

M⁰ Guichenné. — Au moins, les poursuites n'ont pas été dirigées contre les journaux que j'ai cités. Ils se fussent empressés d'annoncer à leurs lecteurs l'honneur qui leur était fait. Que signifieraient d'ailleurs ces poursuites ordonnées par la Chancellerie ? que le gouvernement regrette la loi libérale de 1881 et que lorsque tous les jurys auront répondu à ces poursuites téméraires par des verdicts unanimes d'acquittement, le Ministère se présentera devant les Chambres avec un projet de loi qui rendra la connaissance des délits de presse aux juges correctionnels. On redoutera votre indépendance. C'est le plus bel éloge qu'on puisse vous faire.

Le défenseur répond à M. le Procureur, qui s'était indigné qu'après Sédan et Bazaine un journal ait osé parler de coup d'Etat, et il rappelle que son client n'a pas à remonter bien loin dans ses souvenirs pour trouver un coup d'Etat contre lequel le Ministère Public ne s'est pas indigné.

C'était après Sédan, il est vrai, mais avant Bazaine, dans le courant du mois de septembre 1870, alors que la France anxieuse suivait avec des angoises patriotiques les efforts héroïques de nos armées qui succombaient sous le nombre; il se trouva des hommes qui, forts de la faiblesse du pouvoir, envahirent la Chambre des députés, proclamèrent la déchéance du gouvernement, et se substituèrent de leur propre autorité à un gouvernement qui venait de recevoir la consécration de 7,500,000 suffrages. Ils n'étaient pas escortés de la soldatesque avinée dont parlait M. le Procureur Général, mais d'une populace dont les mains étaient encore teintes du sang des soldats de la caserne de La Villette. Pendant plusieurs mois ces hommes disposèrent de la France en maîtres, ils la traitèrent comme une esclave asservie et vous savez quelle a été la douloureuse conclusion : le sang de milliers de Français coulant à flots sur tout le territoire, la perte de deux provinces que nous pleurons encore et cinq milliards payés comme rançon.

Etait-ce un coup d'Etat que cette invasion violente de la Chambre par la populace, que cette substitution de la volonté des députés de Paris à un gouvernement légalement établi ? (*Mouvement.*)

Il est possible que cet acte ne réunisse pas les conditions voulues par les grammairiens et les philosophes pour qu'on puisse le qualifier de coup d'Etat ; mais il est évident que c'était une audacieuse révolution gouvernementale, un coup de force, la pire des révolutions, le plus criminel des coups de force, puisqu'il était accompli en face de l'ennemi. (*Approbation.*)

Or, les auteurs de cette révolution gouvernementale ont-ils été traités comme des criminels ? sont-ils venus rendre compte de leur conduite à la justice de leur pays ?

Souvenez-vous ! Tous ont occupé ou occupent encore les plus hautes fonctions. L'un d'eux représente à l'étranger le gouvernement de la République; d'autres sont dans les honneurs ou siégent dans notre Parlement. Parmi les morts, celui dont M. le Procureur-général a vanté le patriotisme n'a-t-il pas eu la pompe d'obsèques civiles et nationales ?

Et sans remonter jusqu'aux auteurs de cet acte de violence, n'en avons-nous pas tous connu les heureux bénéficiaires, des hommes ignorés au mois d'août 1870 et qui grâce à leur adhésion parfois aussi inattendue qu'éclatante à cet acte essentiellement révolutionnaire, sont devenus des hommes non pas célèbres, mais considérables par leur position et auxquels il n'est pas permis de manquer de respect. (*Sourires.*)

Y a-t-il donc deux sortes de coups d'Etat :

ceux qui sont légitimes parce qu'ils réussissent'
et ceux qui sont criminels parce qu'ils ont échoué?

S'il en était ainsi, ne serait-ce pas la glo-
rification de cette maxime : la fin justifie les
moyens ?

Le *Mémorial des Pyrénées* est coupable d'a-
voir prononcé le mot : coup d'Etat. De grâce,
M. le Procureur Général, réservez quelques sentiments d'indignation pour les auteurs de ces
actes de violence, même pour les auteurs du
4 septembre, et un peu de sévérité pour ceux
qui en ont profité !

Le défenseur après avoir montré que les journaux conservateurs de Paris ont publié impunément des articles aussi énergiques que l'article
incriminé, rappelle les violences de langage
des journaux démagogiques.

Dans un de ses derniers numéros, le journal
le *Citoyen et la Bataille* écrivait les lignes
suivantes :

Citoyens, le moment va venir.
Tout est contre nous : la faiblesse de l'exécutif, la
complicité de la magistrature, du Sénat, l'hypocrisie des
libéraux parlant de liberté, d'influences extérieures.
Tout le monde officiel et libérâtre veut nous trahir.
Alerte !
Gardons-nous, nous autres; mais veillons bien. L'heure
est grave, point aux longs discours car vous comprenez
que le canon réactionnaire est bourré.
Laissons tirer d'abord.
Mais vous tous, qui que vous soyez, pourvu que vous
aimiez la France, pourvu que vous soyez des hommes,
pour peu que vous vous sentiez les fils de la Révolution
française,
PRÉPAREZ , PORTEZ ARMES ! (*Sensation.*)

Un autre journal, parlant de la commission
nommée par le Sénat pour examiner le projet
de loi relatif aux membres des familles ayant
régné en France, disait :

Quelle belle collection d'ôtages ! !

Dans une réunion présidée, à Paris, par

Louise Michel, un orateur est venu proposer d'organiser un complot révolutionnaire; et précisant la mission qui serait confiée à ce tribunal, il s'écriait :

Formons un Tribunal et demandons à tous les citoyens que nous y ferons comparaître : Montrez vos mains ! et tous ceux dont les mains ne seront pas calleuses, nous les condamnerons à mort.

Ces articles et ces discours restent impunis !

L'impunité est accordée à ceux qui prêchent ouvertement le meurtre, l'assassinat et l'incendie. Laissez-moi vous en donner une dernière preuve.

Voici quelques extraits d'un article du journal *le Vengeur*, organe de Félix Pyat.

Le *Vengeur* qui, pour défendre le droit républicain, n'a reculé alors devant rien de révolutionnaire, qui a dit comme nos pères : « Périssent les colonies plutôt qu'un principe ! » qui, pour le salut de la République, a mené le Peuple à l'Hôtel-de-Ville, rasé la Colonne, brûlé les Tuileries, détruit la maison Thiers et condamné la chapelle de Louis ; qui a crié le premier et le dernier jusqu'au jeudi de la semaine sanglante : Vive la Commune ! au milieu du fer et du feu des royaux de Versailles, refera son devoir en 83. Même vigilance et même audace et avec meilleure chance contre les mêmes ennemis de la Révolution.

. . . .

Ces mêmes ennemis, avec mêmes amis, le *Vengeur* reprend donc son poste d'avant-garde, en vigie, pour crier encore une fois : Qui vive ! aux Bazaines, pour reprendre son rang de combat, sans réserve, sans calcul, sans attaches personnelles, politiques, ni métalliques, tout aux principes, navire non de commerce, mais de guerre, sans cargaison que ses munitions et avec son vieux cri de branle-bas :

« Guerre à outrance, guerre sans trève ni merci à toute la horde de traîtres et de rois conjurés ». à tous les pouvoirs hostiles au Peuple, à toutes les négations de sa souveraineté, aux Princes, Prêtres et Maîtres qui la menacent et l'attaquent, au Président qui la remplace, au Sénat qui la divise, au Député qui la trompe, au Juge qui la frappe, au Préfet qui la gène, au Capital qui la vole ! Guerre à l'ignorance, à la misère, au vice et au crime qui la souillent ! Et, justice faite, guerre à la guerre qui la tue ! »

Voilà où est le péril et c'est ce que démontrait, à la tribune du Sénat, le 10 février dernier, un républicain convaincu, M. Barthélemy Saint-Hilaire, dans un discours dont le défenseur lit un extrait.

Il y a donc, un grave péril social. Tout est attaqué : Dieu, la Patrie, la Famille ; or, le *Mémorial* a été fondé pour soutenir ces trois grandes idées qui sont la force, l'espérance et la consolation du pauvre comme du riche.

Lors donc que le gérant du journal a vu Dieu traité en ennemi, son nom auguste insulté inpunément ; lorsqu'il a vu la patrie s'agiter dans des convulsions peut-être suprêmes ; lorsqu'il a vu dans sa personne la dignité et l'autorité du père de famille amoindries et diminuées, est-il coupable de s'être associé au cri d'alarme poussé par son vaillant rédacteur en chef?

C'est à vous, Messieurs les jurés, de le dire. (*Long mouvement de satisfaction dans la salle.*)

Plaidoirie de M⁰ Riquoir

Défenseur de M. de Joantho

Messieurs les Jurés,

Les lois répressives des excès de presse ont été de tous les temps et sous tous les régimes des armes défensives, mises à la disposition du gouvernement, pour s'en servir à son gré, à son heure, suivant les convenances et les intérêts de sa politique.

Il ne faut pas croire que le Gouvernement soit obligé de poursuivre, en pareille matière, toutes les infractions commises, comme il poursuit nécessairement, les voleurs et les incendiaires auxquels M. le Procureur général a eu la générosité de nous comparer.

L'action publique est entre ses mains ; mais il ne l'exerce, en réalité, que lorsqu'il juge opportun de provoquer, dans un intérêt politique, une manifestation favorable du sentiment public, interprété par la voix indépendante de cette magistrature populaire qui s'appelle le Jury.

Le Gouvernement qui avait, hier encore, la garde de nos destinées, était, avec quelque raison, préoccupé des siennes. Singulièrement discuté au dedans, affaibli au dehors, il éprouvait le besoin d'affirmer son autorité et de rehausser son prestige, en obtenant, quelque part, d'un jury quelconque, dans un verdict de condamnation contre un journal opposé à sa politique, ce que mon confrère Guichenné, dans son éloquente plaidoirie, a très-justement appelé tout-à-l'heure, un vote de confiance.

Un vote de confiance, Messieurs les jurés? Mais d'abord, au profit de qui? Le *Mémorial* a publié l'article incriminé sous un premier ministère; il a été poursuivi sous un second, et, si nous apprenions au sortir de l'audience que la crise ministérielle est enfin terminée, il pourrait bien avoir été acquitté sous un troisième. (*Rires.*)

Qui donc, dans la pensée de M. le Procureur général, devait bénéficier d'un verdict de condamnation? Est-ce le Cabinet d'avant-hier, le Cabinet d'hier, le Cabinet de demain? — Ce n'est pas ma faute si je ne puis pas dire celui d'aujourd'hui. Et puisque on réclame de vous une manifestation destinée à fortifier le gouvernement, n'auriez-vous pas le droit de demander avant tout qu'on vous garantît un gouvernement quelconque, vers lequel pût se porter l'adhésion de vos suffrages?

Donc, ce vote de confiance, nous ne savons pas pour qui on le veut; voyons maintenant à qui on le demande.

Ce n'est pas sans étonnement que nous avons vu le choix du gouvernement *d'hier* s'arrêter à la fois sur vous, Messieurs les Jurés, et sur nous : Sur vous pour prononcer la condamnation dont il avait besoin, sur nous pour la subir.

Certes, si le *Mémorial* a exprimé en des termes amers et indignés le mécontentement du pays, j'espère démontrer tout à l'heure qu'il en avait le droit ; mais je constate des à présent qu'il n'a pas été le seul.

Je ne parle pas de ces journaux qui ne sont jamais satisfaits et qui ont pour tout programme de demander sans cesse de nouveaux bouleversements, de nouvelles destructions. Ceux-là, ils peuvent, on vous l'a prouvé, arborer librement le drapeau de la Commune, prêcher le règne de l'Egalité par la *liquidation sociale*, le relèvement de l'autorité par l'*échafaud* et la révision de la Constitution par la *dynamite*.

La République ne se reconnaît pas le droit de les inquiéter : ce sont les fils aînés du régime et la République a pour eux ces faiblesses instinctives qu'éprouvent d'excellentes mères pour les premiers nés de leurs entrailles. Mais je parle de ces journaux si nombreux qui professent, comme nous, des regrets et des espérances inconciliables avec le système actuel, qui ne croient pas, plus que nous, que l'*idéal* d'un gouvernement soit le *provisoire perpétuel*, suivant la définition ingénue qui a été donnée de la République par un de ses pontifes, M. Naquet.

Je parle de tel journal qui l'autre jour demandait à tous les vents du ciel : *un général !* de tel autre qui appelait *le prince* ; de ce troisième qui avouait hautement l'existence et la nécessité d'un complot et se vantait de conspirer, avec une franchise surprenante qui justifie peut-être ce mot profond attribué à un de nos plus fins politiques : « conspirer dans d'autres pays, c'est faire ce qu'on ne dit pas, mais conspirer en France, c'est dire,... ce qu'on ne fait pas. »

Voilà des journaux considérables lus d'un

bout à l’autre de la France; si honorable que soit la place du *Mémorial* dans le journalisme de province, il ne prétend pas rivaliser d’influence avec ces organes importants de la presse parisienne.

C’est le *Mémorial* cependant qui est seul poursuivi.

Qu’est-ce à dire?

Que le gouvernement ne veut pas de procès de presse à Paris ; qu’il redoute une décision du jury de la Seine ; qu’il sait, à n’en pas douter, quel serait le jugement de l’opinion publique dans ce Paris, républicain pourtant, mais fatigué lui aussi de cette politique d’agitations stériles, de mesquines violences, d’impuissance et d’incapacité qui, depuis trop longtemps, froisse tant de convictions, alarme tant d’intérêts, décourage tant de dévouements. (*Sensation.*)

Aurait-on pensé, par hasard, que vous ressentiriez moins vivement que d’autres les préoccupations d’un patriotisme généreux et élevé, ou que, placés si loin du théâtre des événements, vous seriez moins capables de juger, sous tous ses aspects, la cause si délicate dont vous êtes saisis ?

Dans les deux cas, l’appréciation ne serait pas flatteuse, j’ajoute qu’elle serait imméritée. Le jury Béarnais est composé, comme d’autres, d’hommes d’intelligence et de cœur ; et on me permettra au moins de dire sans flatterie : d’hommes de bon sens.

A ce dernier titre, il est une question première que vous vous êtes déjà posée... Le *Mémorial* est poursuivi pour excitation à un coup d’Etat, à l’insurrection, à la guerre civile ; l’article incriminé a paru le 20 janvier. Comment se fait-il, que depuis cette époque, on ne puisse pas vous citer un fait quelconque de troubles matériels ou de désordre moral qui ait été le résultat de ces provocations ?

Est-ce qu'aucun de vous a remarqué qu'à Pau, à Bayonne, à Oloron, à Mauléon, à Orthez même, le sol de la République eût tremblé sous ses pas ?

Que le sabre ou le balai appelés par M. de Joantho se fussent montrés quelque part ?

Vingt-cinq jours se sont écoulés. Personne ne songeait plus à notre article, personne n'était inquiet du coup de balai prédit, si ce n'est à ce qu'il paraît M. le Procureur général (*Rires dans l'auditoire*).

M. de Joantho lui-même avait le droit de ne plus s'en souvenir. Il avait eu tout loisir et toute liberté de s'occuper d'autre chose, de s'en aller même bien haut et bien loin (1) contempler, en les dédaignant, les agitations de notre fourmilière humaine et rêver, pour son pays et pour lui, des destinées meilleures dans la région des étoiles (*sourires*) ; et je puis dire littéralement qu'il *tombait des nues* lorsque, samedi dernier, il recevait de M. le Procureur général cette invitation inattendue à se présenter devant vous. (*Hilarité prolongée.*)

Enfin nous sommes sur la terre et il faut plaider.

Vous avez, MM. les jurés, à juger un homme et un acte ; mais vous n'avez à juger qu'eux ; vous n'avez pas, par exemple, à vous préoccuper du parti dont le *Mémorial* est l'organe et encore moins des actionnaires du journal que, par un écart étrange de discussion, M. le Procureur général a cru devoir mettre en cause.

Ces actionnaires qu'il aurait pu nommer, on les connaît ; plusieurs sont autour de nous, ils portent les noms les plus honorables et les plus respectés de notre pays ; et c'est à de tels hommes que M. le Procureur général a cru pouvoir dire : vous êtes le parti du *couteau*, du *révolver* et du *casse-tête*! (*Mouvement dans la salle.*)

---

(1) Allusion à une récente ascension de M. de Joantho avec le célèbre aéronaute Eugène Godard.

Permettez-moi de vous le dire ; ils sont au-dessus d'une telle injure ; et il suffit que je vous rappelle à vous-même ces malheureuses expressions pour que déjà vous les regrettiez ; mais je m'étonne que, dans un réquisitoire qui contenait un pareil emportement de langage, vous vous soyez montré si impitoyable pour un entraînement de plume que vous nous reprochez (*Approbation unanime dans l'auditoire*)..... Et je n'aurais besoin que de cet incident significatif pour que déjà notre acquittement s'imposât au jury.

Laissons donc de côté les actionnaires du *Mémorial*.

Occupons-nous de M. de Joantho : Plusieurs d'entre vous, Messieurs les Jurés, le connaissent depuis longtemps, les autres en ont entendu parler au cours de cette session.

Tous savent que M. de Joantho est un galant homme (M. le Procureur Général l'a reconnu), d'un caractère généreux, désintéressé, ne se connaissant pas un ennemi, s'honorant au contraire de beaucoup de sympathies flatteuses, dans tous les rangs de la société et dans tous les partis politiques.

Conservateurs et Républicains, à Pau, s'accordent, une fois par hasard, dans un vœu unanime pour son acquittement.

Il appartient à une vieille famille royaliste : son grand père paternel fut un émigré de 1792 ; son autre aïeul, M. le baron de Cauna, a été député des Landes sous la Restauration.

M. de Joantho a, comme toute sa famille, des convictions et des idées arrêtées, qu'il défend vaillamment dans la presse, comme il les a servies, à une autre époque, dans les fonctions administratives que le Gouvernement du Seize Mai lui avait confiées, en le nommant Sous-Préfet à Nyons (Drôme). Vous auriez été surpris qu'un tel homme se présentât devant vous, dans une attitude équivoque et humiliée, rétractant ses paroles, dissimulant ses sentiments, atténuant sa responsabilité. Il l'accepte donc toute entière.

Mais par exemple, Messieurs, il y a dans l'article du *Mémorial* deux éléments bien distincts que vous devez vous garder de confondre. Il y a d'abord le sentiment auquel M. de Joantho a obéi ; il y a ensuite l'acte délictueux qu'on lui impute. Le sentiment, il ne le désavouera pas, malgré les exhortations de M. le Procureur Général. Sa dignité le lui défend et son intérêt l'en dispense.

M. de Joantho n'est pas content ; est-ce que ce n'est pas son droit ? Est-ce que vous connaissez beaucoup de gens, aujourd'hui, qui soient vraiment satisfaits de la façon dont nous sommes gouvernés ?

Nous avons deux Chambres qui ont été élues sur la foi de belles et retentissantes promesses. Pourriez-vous citer beaucoup de réformes qu'elles aient réussi à accomplir, à l'exception, peut-être de cette innovation pratique, par laquelle nos représentants se sont octroyé. le parcours gratuit sur toutes nos lignes de chemins de fer ? (*Rires.*)

Je ne sais pas quelles sont vos opinions, Messieurs les Jurés, mais vous êtes des juges. et quels que soient vos sentiments, vous devez entrer dans nos sentiments, à nous, pour apprécier équitablement notre langage.

M. de Joantho, comme nous tous qui l'assistons ici de nos sympathies ou qui l'appuyons de notre parole, est conservateur et catholique.

Conservateurs, que voyons-nous ?

Toutes les grandes institutions du pays menacées, ébranlées, battues en brèche par les passions qui gouvernent ; l'armée, découragée dans ses patriotiques efforts, par l'invasion de la politique, qui dispose des grands commandements, réglemente l'avancement des officiers, ajourne toutes les réformes utiles, change tous les trois mois la direction du ministère de la guerre ; la magistrature signalée tous les jours, par ceux que vous appelez dérisoirement les chefs de la justice, aux défiances et aux rancunes des justiciables, attaquée, sans succès d'ailleurs, dans son autorité morale par ces projets indécents de réforme judiciaire, dont pas un ne peut aboutir ; le clergé, traité par le gouvernement en ennemi personnel, en butte à toutes les tracasseries, quand ce n'est pas à toutes les injures ; les évêques traduits devant le Conseil d'Etat, les magistrats devant la Cour de cassation ; et cependant la démagogie reprenant en toute liberté ses propagandes anti-sociales ; les *esclaves ivres* et les *gueulards* de Belleville, comme les avait appelés votre puissant orateur, se réunissant tout à l'aise dans ces repaires où il avait promis de les traquer ; Mademoiselle Louise Michel, l'amazone du régime, propageant dans les clubs de Paris et des grandes villes ses prédications incendiaires, et M. Félix Pyat, étalant impunément au grand jour de la publicité le programme gouvernemental de la Terreur ! (*Sensation.*)

Catholiques, que voyons-nous encore ?

Les agents du gouvernement se transportant un jour suivis d'une escorte de serruriers, dans tous les couvents de religieux, et jetant dans la rue comme des malfaiteurs publics des prêtres respectables dont le seul crime est d'avoir élevé une partie de la jeunesse française et d'en avoir fait des hommes, tels que Joantho, Guichenné et moi, anciens élèves des jésuites, qui ne nous croyons pas obligés de nous faire, suivant la mode du jour, les hypocrites de la libre pensée ; ce coup d'Etat des décrets du 29 mars, — car celui-là en était un, les voix les plus autorisées, les plus indépendantes et les plus fières de la magistrature française, vous l'ont bien fait entendre, autant qu'elles ont pu passer à travers le baillon de vos arrêtés de conflit, — Ce coup d'Etat coïncidant avec l'amnistie pour les as-

sassins et les incendiaires de la Commune;
puis, les sœurs de charité expulsées de nos
hôpitaux, arrachées au chevet des mourants
malgré les supplications des pauvres malades
qui les réclamaient, et les protestations indignées de la science médicale qui, par la
bouche même des matérialistes et des libres-
penseurs, rendait témoignage de leurs humbles
et héroïques vertus; puis, les crucifix décrochés
du fronton de nos cimetières et des murs de
nos salles d'école, en attendant le jour prochain
où ils devront disparaître du sanctuaire de
la justice; le catéchisme interdit de l'enseignement public comme un livre malsain et
dangereux, en vertu de cette loi socialiste sur
l'enseignement, qui est l'acte révolutionnaire
le plus affligeant de notre histoire; enfin, l'en-
fouissement civil entrant dans les mœurs,
s'imposant aux répugnances du pays par les
funérailles officielles que vous décernez à vos
glorieux morts, aux frais de l'Etat, c'est-à-dire
avec l'argent des contribuables! (*Sensation
prolongée.*)

De telle sorte que l'ennemi, aujourd'hui, ce
n'est plus seulement le cléricalisme; l'ennemi,
ce n'est plus même l'idée chrétienne; l'ennemi,
c'est Dieu! (*Mouvement.*) Dieu, dont le nom n'a
pas pu trouver place dans une loi d'enseignement et disparaîtra demain même de la formule
des serments judiciaires!

Voilà bien des provocations et celles-là
émanées du pouvoir : aussi à la différence
des nôtres elles ne sont pas restées sans effet.

Le gouvernement a entrepris la campagne
des crucifix? Voyez aussitôt *ces bandes noires*,
qui terrorisent l'Est et le Centre de la France
abattant les croix et saccageant les églises!

Le gouvernement déclare la guerre aux
supériorités sociales? Ecoutez la démagogie
qui lui fait écho par ses cris de haine et de
mort contre le bourgeois, le propriétaire, le
capitaliste, l'industriel, par les troubles de

Montceau-les-Mines, par les explosions de dynamite dans les cafés et les théâtres de nos grandes cités !

Le gouvernement persécute la Magistrature et le clergé ? Voici ce que, enhardi par cet exemple, un journal radical peut écrire avec impunité sur un évêque et des magistrats (1).

---

(1) *Le défenseur donne ici lecture d'un article de la* Lanterne *relatif à Monseigneur l'Evêque d'Aire, au Tribunal de Mont-de-Marsan et à la Cour de Pau, ainsi conçu :*

Monsieur l'évêque d'Aire vient d'être compromis cruellement par trois magistrats. Par la faute d'un conseiller et de deux juges trop bien pensants, M. l'Evêque d'Aire est, tout bonnement, sous le coup d'une accusation de complicité et même de provocation d'assassinat. Quand je dis qu'il est « *sous le coup de l'accusation* », cela ne signifie pas que Monseigneur va passer en cour d'assises ou même qu'il risque d'être poursuivi. Loin de là, bien loin de là ; mais c'est présisément ce qui fait la gravité de son cas ; M. l'évêque d'Aire, par le fait des trois magistrats dont je parle, est exposé aux soupçons les plus précis, les plus directs, et il ne lui sera pas possible de se justifier, à moins que la cour de cassation ne casse l'arrêt que vient de rendre la cour d'assises de Mont-de-Marsan dans l'affaire où M. l'évêque d'Aire est mis en cause.

Cette affaire est réellement fort étrange. L'accusé, — un nommé Lasserre, dit Mangeronstout, — a tenté d'assassiner un de ses amis, contre lequel il n'avait aucun sujet de haine. Et l'accusé soutient qu'il a commis ce crime pour obéir à des lettres dans lesquelles on] lui promettait 20,000 francs et l'impunité, le tout au nom des intérêts de la religion et de l'Eglise.

Une de ces lettres a été saisie sur Lasserre. Il a renvoyé toutes les autres, — car son correspondant anonyme exigeait la restitution de son écriture. Cette restitution se faisait en déposant la lettre à un endroit indiqué par le correspondant mystérieux ; et l'accusé affirme, répète, soutient, même après sa condamnation, *qu'il a vu* M. l'évêque d'Aire venir lui-même reprendre la pièce déposée à l'endroit convenu.

Contre cette accusation directe et précise, M. l'évêque d'Aire n'a pas été admis à se défendre. Le juge d'instruction ni la cour ne l'a appelé comme témoin,

Parlerai-je de notre situation extérieure ? Vous connaissez toutes les humiliations de notre diplomatie : je ne ne veux rappeler que la dernière.

Il y a quelques jours, au fond de l'Afrique, uns reine sauvage de Madagascar violait outrageusement les traités qui l'obligent envers la France ; et quand notre gouvernement essayait de protester, elle se réfugiait avec ostentation sous le protectorat anglais ; ce qui veut dire qu'il faut nous attendre à une nouvelle capitulation.

Car nos hommes d'Etat capituleront. Ils ont de la fierté et de l'audace quand il ne s'agit que de traquer des moines ou des sœurs de

---

et Lasserre n'a pas pu obtenir qu'on le confrontât avec celui qu'il accusait d'avoir provoqué et ordonné le crime.

A la place de l'évêque d'Aire, il n'est, croyons-nous, personne qui n'eût protesté, réclamé cette confrontation, exigé qu'on lui fournit l'occasion de confondre l'accusateur. M. l'évêque, lui, n'y a pas même songé. C'est aux magistrats qu'il a laissé le soin de le défendre.

Eh bien, M, l'évêque a eu grand tort ; d'autant que la personne seule de ces magistrats était au plus haut degré compromettante, pour un évêque surtout.

Ces trois magistrats, en effet, nous les connaissons et non pas comme la fleur des pois de la magistrature. Le président, M. de M., faisait partie de cette bande de conseillers qui, dans la Cour de Pau, s'était organisée en Chambre correctionnelle dans un but prémédité de prévarication et de brigandage judiciaire. Les deux assesseurs, MM. B. et d'U., sont deux des quatre faux témoins qui déshonorent le siége de Mont-de-Marsan. Ces trois personnages, donc se connaissent pour avoir déjà travaillé ensemble. Pendant que le M., sur son siége de conseiller, prévariquait avec majesté, MM. B. et d'U., « faux-témoignaient » avec conscience. Il est fâcheux que M. le président T. ne fût pas là pour compléter le quatuor. Dans cette collection de bonnes pièces, un faussaire eût fait bien,

Etant donnés ces trois personnages, le silence, déjà compromettant, de M. l'évêque, devient écrasant quand il se complique de la défense présentée à son profit par charité ; ou bien encore de proscrire des princes coupables d'avoir, dans les veines, le sang d'Henri IV , et de demander à servir, comme les plus humbles des citoyens, la France que leurs aïeux ont faite !

Et vous croyez que ce régime peut-être éternel ? Et vous vous éveillez comme d'un rêve, quand on vous dit que la France en a déjà assez, et que cette nation, qui s'est appelée pendant quatorze siècles, la nation vaillante et très-chrétienne, ne consentira pas à jouer indéfiniment devant le monde le rôle d'un peuple méprisé, peureux et insolent à la fois, peureux avec les puissances qui se montrent, insolent envers Dieu, tant qu'il lui plaît de ne pas se montrer ? (*Mouvement prolongé.*)

---

le président. Quand le M. déclare que « l'accusation est odieuse et absurde », le B. et le d'U. font semblant de croire que cela suffit. Et, en effet, cela suffit... à rendre l'évêque suspect.

Car il est impossible de ne pas se dire : « Voilà des « magistrats qui, pour faire acquitter un journal bona- « partiste et pour faire condamner un journal républicain « au profit d'un faussaire, ont été prévaricateurs et faux « témoins. Que ne sont-ils pas capables de faire pour « empêcher la condamnation d'un évêque qui a fait « assassiner un républicain ? »

L'accusation peut n'être pas juste, mais elle est tellement vraisemblable qu'elle s'impose.

Tout le monde sait, en France, — sauf le gouvernement et la Cour de cassation, qui devraient être les premiers à le savoir et qui paraissent ne pas s'en douter, — tout le monde sait qu'à Mont-de-Marsan et à Pau, il n'y a pas de justice. Le fanatisme religieux et politique a introduit le brigandage dans la jurisprudence et le guet-apens dans la procédure. Personne n'ignore, dans ce ressort, qu'un faussaire préside ; que quatre faux témoins jugent à Mont-de-Marsan, et que ces bandits en hermine ont trouvé des complices en robe rouge à la Cour de Pau.

C'est pourquoi tous ceux que ces magistrats condamnent peuvent paraître innocents ; et tous ceux qu'ils défendent, s'ils ne sont pas coupables, sont suspects.

(Cette lecture produit dans l'auditoire un mouvement général d'indignation.)

Et vous vous indignez parce qu'un journaliste qui est un homme de cœur, sous l'empire de ces réflexions ardentes, n'aura pas pu comprimer un cri de colère et de douleur, parce qu'il aura renié avec exécration cette politique qu'un grand orateur a définie, en la stigmatisant pour l'histoire : « *La politique qui ouvre les bagnes et qui ferme les couvents*, » parce qu'il aura appelé de ses vœux la fin de ce régime sous lequel on devient ambassadeur de France si l'on a fait partie de la Commune, mais on doit s'acheminer vers l'exil si l'on est un disciple de St-Dominique ou de St-Ignace ou un petit-fils de St-Louis ; de ce régime qu'on a suffisamment caractérisé, en constatant qu'aujourd'hui en France il est plus compromettant de descendre d'Henri IV que de descendre de Ravaillac ? (*Mouvement.*)

Non, Messieurs les jurés, vous ne partagerez pas les étonnements et les indignations du ministère-public ; et s'il était vrai que M. de Joantho eût souhaité un changement violent dans une telle situation, fussiez-vous tous ses adversaires politiques, des républicains à toute épreuve, je vous dirais avec confiance : vous ne condamnerez pas parce que vous êtes impartiaux.

Nous aurions commis, d'après vous, un excès de langage, une exagération de polémique ? Soit ! mais reconnaissez que nous ne sommes pas les plus coupables ; reconnaissez que nous sommes poussés à bout par les provocations sans excuses d'un gouvernement imprudent et agitateur ; reconnaissez qu'un gouvernement n'a droit au respect de tous que lorsqu'il se respecte lui-même, et que cette politique faible et violente à la fois, que nous venons d'étudier ensemble, ne peut pas être la politique définitive d'un grand parti qui veut être digne de rester au pouvoir.

Messieurs, il n'y a qu'un sentiment là-dessus. Ouvrez tous les journaux, que vous disent-ils ?

Les affaires souffrent. Le commerce languit. Les fonds publics baissent. Les finances s'épuisent. Les budgets ne sont pas équilibrés. Nous sommes en pleine anarchie. On ne peut plus former un ministère. Le dernier Cabinet n'avait pas pu trouver un ministre des affaires étrangères, un ministre de la marine.

Nos ambassadeurs humiliés à l'étranger se retirent. Des députés républicains, découragés et écœurés, donnent leur démission.

Tous les partis réclament la révision de la Constitution. Vous savez en quels termes flatteurs pour la Chambre des députés M. Gambetta demandait la modification de la loi électorale, et vous vous rappelez qu'il tomba du pouvoir, pour avoir proposé *un coup de balai* à sa manière, par l'introduction du scrutin de liste.

Donc le sentiment exprimé par M. de Joantho est un sentiment partagé par tous et qui, dans sa situation personnelle, n'est pas seulement légitime, mais honorable. Voilà pourquoi il ne devait pas s'abaisser à une rétractation.

J'ajoute maintenant qu'il n'en avait aucun besoin. M. le Procureur général a reconnu lui-même qu'il n'y a plus aujourd'hui de délits de presse, de délits d'opinion ou de tendance. On peut outrager la république, blesser même les républicains, on ne sera poursuivi que si l'on a commis un délit de droit commun. Que voulez-vous ? C'est la loi de liberté que vous nous avez faite et que nous ne vous demandions pas.

Laissez-nous en user sans reconnaissance et sans scrupules. Vous nous en avez pris tant d'autres! Nous sommes, en fait de liberté, dans la situation de ces grandes maisons ruinées qui ont toujours le superflu, mais qui n'ont plus le nécessaire. Vous nous avez pris le nécessaire, laissez nous dépenser le superflu que nous tenons de vos largesses.

Mais après avoir reconnu que le *Mémorial*

ne peut être condamné ni pour ses opinions, ni pour ses tendances, qu'il ne peut l'être que pour des délits de droit commun, M. le Procureur Général a prétendu nous convaincre de délits de ce genre, consistant en des excitations au Coup d'Etat, à l'insurrection, à la guerre civile. La poursuite, à ce point de vue qui est le seul juridique, est absolument sans fondement,

La loi de 1881 commentée par les paroles de son rapporteur n'a prétendu punir que les provocations *directes* et *spéciales* à des crimes ou des délits. La provocation serait *directe* si elle s'adressait à une personne déterminée ; elle serait *spéciale*, si elle avait pour objet un fait précis. Or quel fait précis avons-nous en vue ? Quel est le coup d'Etat que nous demandions ? Celui du 2 Décembre ? Vous ne le croyez pas, avez-vous dit. Celui du 16 Mai — car d'après les républicains c'en était un aussi, bien que le 16 Mai fut l'acte très-constitutionnel du loyal soldat à qui vous avez rendu tout à l'heure un hommage bien inattendu ? Est-ce, enfin , celui du 4 Septembre 1870, qui, celui-là, n'a pas été ratifié par des plébiscites, mais qui n'en a pas moins reçu, dès la première heure, en pleine et flagrante illégalité, de hautes et éclatantes adhésions (*se tournant vers M. le Procureur Général*) celles notamment des personnages qui ont profité de ces heures de troubles, pour escalader des fonctions publiques auxquelles ils ne songeaient pas à aspirer la veille. (*Rires.*)

De quel coup d'Etat avons-nous voulu parler ? Vous n'en savez rien. Donc rien de précis, rien de *spécial*. Et à qui nous sommes-nous adressés ? Logiquement, ce n'aurait pu être qu'à M. Grévy. Franchement M. de Joantho n'a jamais cru que M. Grévy, pour lui être agréable, monterait à cheval et irait balayer, à la tête de sa maison militaire, la Chambre des députés.

Serait-ce à l'un de nos princes dont vous avez tout à l'heure honoré le patriotisme ? mais nos princes ne peuvent pas donner un *coup de balai* par cette raison qu'ils ne tiennent pas le manche.

Pour l'insurrection, pour la guerre civile, quelle est encore l'exhortation spéciale et précise que nous aurions formulée ?

J'ajoute, maintenant, que nos provocations, eussent-elles été formelles, ne seraient pas punissables, parce que nous n'en attendions et nous n'en désirions aucun résultat actuel.

Enfin le résultat, eût-il été voulu par nous, en fait n'eut pas été possible.

Le coup d'Etat ? Ni M. Grévy, ni les princes ne pouvaient le faire sur notre demande parce qu'ils ne lisent pas le *Mémorial*, ce que je regrette pour eux.

L'insurrection ? Est-ce que vous avez jamais entendu dire qu'on en eût fait à Pau ? que les Béarnais eussent, dans notre siècle, renversé ou fondé un gouvernement ? Depuis le jour où les Béarnais ont conquis la France avec Henri IV, ils se sont tenus pour satisfaits. (*Rires.*) Que voulez-vous ? nos pères ont eu le tort de laisser croire que le Béarn avait été annexé à la France, tandis qu'il eût été plus exact de dire que la France avait été annexée au Béarn. Sans ce malentendu historique, Pau serait la capitale de la France et pourrait se passer de loin en loin la fantaisie de quelques révolutions ; mais Pau n'est malheureusement que le chef-lieu des Basses-Pyrénées. Les révolutions ! mais elles nous sont apportées toutes faites par le télégraphe, et l'annonce que nous en recevons est suivie ordinairement, dans les 24 heures, de l'arrivée d'un préfet et d'un procureur-général que Paris nous expédie par chemin de fer. (*Rires.*) Nous n'avons, ici, ni Tuileries, ni Elysée, ni Luxembourg, ni Palais-Bourbon à envahir. Nous n'avons tous au plus qu'une modeste préfecture — qui aurait même besoin de quelques réparations, à ce qu'on prétend — (*Rires*) et où nous pouvons nous offrir le luxe, dans les temps de grandes émotions publiques, de quelque pacifique démonstration. Je n'en connais, pour ma part, qu'un exemple.

En 1848, une députation de bons citoyens était allée notifier au préfet du Roi Louis-Philippe le changement de gouvernement du 24 février. Le chef des émeutiers était un homme d'une politesse consommée ; il était resté couvert par distraction dans le salon de M. le Préfet. Celui-ci lui fit remarquer finement son inadvertance. Il n'en fallut pas davantage pour que le fougueux révolutionnaire se confondît en excuses, se découvrît, saluât profondément et se retirât sans insister. Voilà, Messieurs, comment nous faisons ici les Révolutions ! Nous congédions nos gouvernements à coups.... de chapeaux. (*Hilarité prolongée.*)

La guerre civile, enfin ? Voyons : imaginez-vous tous les conservateurs de Pau se rangeant en bataille sur la Place Royale autour de la statue « *dou Nousté Henric* », tous les républicains devant la caserne de la Haute-Plante, les membres des cercles réactionnaires d'un côté, ceux des cercles républicains de l'autre. Les deux armées se seraient mises en marche ? mais lorsqu'elles se seraient rencontrées sur la place Gramont ou dans la rue de la Préfecture, au moment du premier assaut, il eût suffi que quelques neutres, comme il y en a beaucoup, qui font partie de plusieurs Cercles à la fois, se fussent jetés au milieu des belligérants comme les Sabines du Latium, entre les champions de Rome et d'Albe, et eussent fait retentir dans les airs quelques-uns de ces bons jurons Béarnais qu'Henri IV avait appris à Coarraze, pour que d'elles-mêmes les armes tombassent des mains, et qu'Horaces et Curiaces courussent bras dessus, bras dessous, au café Champagne et s'en allassent trinquer joyeusement à la concorde, à la paix, et, si vous le voulez, à la liberté, même celle de la presse. (*Rires dans tout l'auditoire.*)

Une guerre civile à Pau ? Allons ! vous n'obtiendrez pas qu'un jury de Basques et de Béarnais prenne vos épouvantes au sérieux et que, pour un article demeuré sans écho et sans effet, il prononce contre nous une condamnation.

N'est-ce pas ce jury qui acquittait en 1871 M. Duportal convaincu d'avoir proclamé la Commune à Toulouse et arboré le drapeau rouge au Capitole, (ce qu'on a pu lui reprocher comme une faiblesse), et vous voulez que ce même jury frappe aujourd'hui un de nos compatriotes qui n'a commis aucun acte séditieux, et que ces Messieurs, qui sont là, se mettent dans l'impossibilité de serrer la main loyale d'un homme qu'ils estiment, et de le saluer dans les rues de notre ville, après l'avoir condamné en Cour d'assises !

Et à quel moment, messieurs les jurés, vous demande-t-on ce verdict ? Au lendemain du jour où la cour de Paris vient de mettre en liberté le prince Napoléon. Quoi ! vous n'avez pas d'armes dans vos lois contre un prince qui fait acte de prétendant et qui s'affirme publiquement, par des placards en forme officielle, comme l'héritier des grandes traditions impériales ! Et vous en trouveriez contre un journaliste qui peut aimer quelque prétendant, mais qui ne l'est pas po ur son propre compte et qui n'aspire pas à fonder une dynastie ! (*Rires.*)

Il est temps de conclure.

L'article de M. de Joantho a été l'expression vive, énergique, ardente d'un sentiment de lassitude et de dégoût qui est dans beaucoup de cœurs comme dans le sien. Il a appelé de ses vœux un changement complet dans une politique que beaucoup d'honnêtes gens, dans tous les partis, déplorent comme nous.

Oui, messieurs les jurés, à quelque opinion que nous appartenions, il est bien des terrains communs sur lesquels nous pouvons nous rencontrer. Est-ce que, tous, nous n'avons pas le culte des mêmes grands principes sociaux ? Est-ce que, tous, nous ne croyons pas au même Dieu ? Est-ce que, tous, nous ne voulons pas dormir un jour sous la même terre bénie et à l'ombre de la même croix ? Est-ce que nous avons rien de commun avec les sectaires, les matérialistes et les athées, par qui ou au profit de qui nous sommes gouvernés ? Et lorsque un homme de foi et de cœur élève, au nom de tous, une protestation suprême, est-ce qu'il se trouvera un jury de Basques et de Béarnais pour le condamner, parce qu'il aura, sous la forme que l'inspiration du moment lui aura suggérée, flétri des passions malsaines qu'aucun de nous ne partage et vengé les nobles et saintes causes que nous voyons, depuis dix ans, tour à tour trahies et persécutées ? Non.

Et voilà pourquoi, vous nous voyez rassurés, Messieurs, sur l'issue de ces débats.

Qui que vous soyez, quelles que soient vos préférences politiques, conservateurs ou républicains, vous acquitterez.

Conservateurs, vous vous rappelerez que M. de Joantho n'a fait que prêter ses accents à vos justes indignations, à vos patriotiques douleurs.

Républicains, vous vous direz que le Gouvernement de vos prédilections a besoin, comme tout autre, de confiance et d'estime et qu'il ne pourrait pas se maintenir en persévérant dans sa politique étroite et haineuse. Vous vous direz que les pressentiments exprimés par le *Mémorial*, que le cri d'alarme qu'il a fait retentir peuvent être, pour le parti au pouvoir, un avertissement salutaire.

Mais un avertissement mérité, Messieurs, il ne sert de rien à un gouvernement sérieux de s'en indigner et d'en tirer d'éclatantes vengeances! Il y a pour lui autre chose et mieux à faire : c'est de le méditer et de le mettre à profit, s'il en est temps encore. (*Un long murmure d'approbation et quelques applau- dissements contenus par la majesté de l'audience accueillent cette magnifique péroraison*).

A l'étonnement de toute l'assistance M. Delcurrou procureur-général se lève pour répliquer.

Réplique de M. le Procureur Général.

M. le Procureur général se félicite de la courtoisie qui a présidé jusqu'ici à la discussion, et il reprend la parole, surtout, pour se défendre de toute intention blessante envers les honorables actionnaires du *Mémorial*. Il déclare même que leurs sentiments de modération protestent contre les excès de la rédaction du journal, et il oppose aux articles de M. de Joantho un article publié, à une autre époque, sous la signature d'un de ses actionnaires.

Il se reconnaît tenu à beaucoup de réserve vis-à-vis de M. de Joantho qui l'a personnel- lement attaqué quelquefois. Mais il lui repro- che, s'il a été sérieux, s'il n'est pas venu à l'audience pour se donner en spectacle et amuser la galerie, d'avoir commis, non un délit politique, (il n'y en a plus), mais une provocation à des crimes de droit commun. Il voit, sinon le but précis de nos complots, au moins *notre pensée*. Il demande au Jury, s'il veut la vraie liberté de la presse..... une condamnation.

Réplique de M⁰ Riquoir.

Messieurs,

Quand j'ai vu M. le Procureur Général se lever pour nous faire l'honneur d'une réplique, j'ai cru qu'il voulait s'expliquer sur l'impunité étrange dont bénéficient tant de journaux qui, chaque jour, insultent et traînent dans la boue, tout ce qu'il y a de plus pur, de plus noble, et de plus saint, tandis qu'on envoie en Cour d'assises un journal qui n'accuse pas des évêques de complicité d'assassinat, qui ne traite pas les magistrats, même républicains, de prévaricateurs et de faux témoins.

Je me trompais. Il paraît que M. le Procureur Général éprouvait le besoin de reprendre la parole au nom des actionnaires du *Mémorial*. Après avoir, un peu tardivement, parlé de ces personnalités honorables avec une convenance et un respect dont il n'y a pas à le remercier, il a cru devoir reprocher à M. de Joantho une déviation répréhensible de la ligne politique qui lui avait été tracée par les inspirateurs de son journal. Si c'est un procès, entre la rédaction du journal et ses actionnaires, que vous voulez faire juger par le Jury, vous prenez une peine inutile : nous viderons entre nous ces querelles de famille, lorsqu'il en existera ; nous ne vous savons aucun gré de votre obligeante intervention.

M. le Procureur Général a reconnu qu'il était tenu à beaucoup de réserve à l'égard du *Mémorial*, parce qu'il a été personnellement l'objet de ses attaques. C'était encore s'y prendre un peu tard. Il aurait dû faire ces réflexions et s'inspirer de cette dignité, lorsque, dans sa première action, il nous appelait *le parti du couteau et du revolver.*, et comparaît avec tant de courtoisie M. de Joantho aux voleurs et aux incendiaires qu'il traduit tous les jours en Cour d'Assises. Mais il reconnaît que nous sommes un adversaire personnel, et tout s'explique.

Le Ministère public compte toujours sur votre sévérité, Messieurs les Jurés, et il vous dit : « Si vous voulez la liberté de la presse, condamnez...! » Je suis peut-être bien naïf. Mais j'avais toujours cru jusqu'ici que la vraie manière de se montrer libéral en matière de presse, c'est d'acquitter les journalistes poursuivis. *(Hilarité.)* Les raisonnements compliqués de M. le Procureur-Général ne m'ont pas fait revenir encore de cette illusion, et je persiste à espérer notre acquittement au nom de la liberté.

Comment en douterais-je, Messieurs? Précisons le débat, je vous prie. Dans nos premières plaidoiries, nous avons traité bien des questions. Nous avons voulu l'un et l'autre agrandir, autant qu'il était permis, les proportions de cet intéressant procès. Nous le devions peut-être au brillant auditoire qui se presse autour de nous (et que, entre parenthèses, vous nous reprochez assez étrangement, Monsieur le Procureur Général, d'avoir attiré dans cette enceinte.) Vous me permettrez de vous faire remarquer que, s'il y a ici une galerie qui s'amuse, si nous nous donnons tous un spectacle, et si le *Mémorial* est en scène, le Parquet a été pour quelque chose dans les invitations.) *(Rires.)* Mais dans une réplique, il faut serrer la discussion de près et s'en tenir aux points essentiels.

Le Ministère public reconnaît qu'il n'y a plus de délits politiques, de délits d'opinion, de parole ou de pensée. Les vérités désagréables au gouvernement, les outrages même à la République ou aux républicains ne tombent plus sous l'application de la loi. Le Jury ne peut condamner que les crimes ou délits de droit commun, et les provocations *directes et spéciales* à ces crimes ou délits. M. le procureur général accepte le débat sur ce terrain et il soutient qu'il y a eu une provocation *directe*, de notre part, à ces crimes *déterminés* qui sont le coup d'Etat, l'insurrection, la guerre civile.

Puis, lorsqu'il faut démontrer, il avoue, que le coup d'Etat, il ne sait pas de qui nous l'attendons : il nous raille même à ce sujet ; que, l'insurrection, l'émeute, il ne sait pas pour qui et par qui nous les souhaitons ; quel jour, dans quel lieu, par quels moyens nous espérons qu'elles répondront à notre appel. « Je ne vois pas tout cela, s'écrie-t-il, mais je vois votre pensée. » A la bonne heure !

C'est reconnaître que ce qui est incriminé par la poursuite, ce n'est pas l'acte que nous avons préparé, le but *spécial* que nous avons voulu atteindre, les excitations *directes* que nous avons formulées ; ce sont uniquement nos opinions, nos tendances, et, vous l'avez dit et je retiens le mot : notre pensée, rien que notre pensée.

Eh bien ! s'il vous faut quelques acquittements pour démontrer l'insuffisance de votre loi, et obtenir du Parlement une législation nouvelle qui dessaisisse une fois de plus le jury, en matière de presse, je comprends ce procès ; vous aurez voulu prouver que la République a été imprudente, en nous laissant cette seule liberté que vous nous enviez déjà. Vous y aurez réussi, car le jury ne nous condamnera pas, et les Chambres vous accorderont peut-être des armes plus efficaces pour l'avenir.

Mais aujourd'hui, mais sous l'empire de la seule loi libérale que vous ayez faite, vous n'arriverez pas à justifier en droit votre poursuite.

L'aveu vous a échappé : c'est notre pensée, ce sont nos opinions que vous avez voulu poursuivre. Il y a ici un procès de presse, et pas autre chose. La politique seule nous a appelés devant la Cour d'Assises : la politique nous acquittera ! »

Après cette remarquable plaidoirie, M. le président des assises invite le jury a se retirer dans la salle de ses délibérations.

Pendant ce temps, MM. Riquoir et Guichenné, ainsi que les prévenus, sont entourés par de nombreux amis. Les éloquents défenseurs reçoivent les félicitations les plus chaleureuses... On considère déjà l'acquittement comme certain.

Cinq minutes s'écoulent à peine ; le jury revient, l'audience est reprise.

Le chef du jury donne lecture du verdict, qui est négatif sur les deux questions posées ; en conséquence, M. le président de la Cour d'assises prononce une ordonnance d'acquittement.

L'audience est levée ; des applaudissements se font entendre sur plusieurs points de la salle.

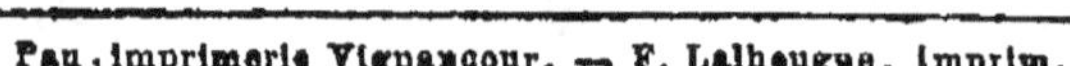

Pau, imprimerie Vignancour. — F. Lalheugue, imprim.